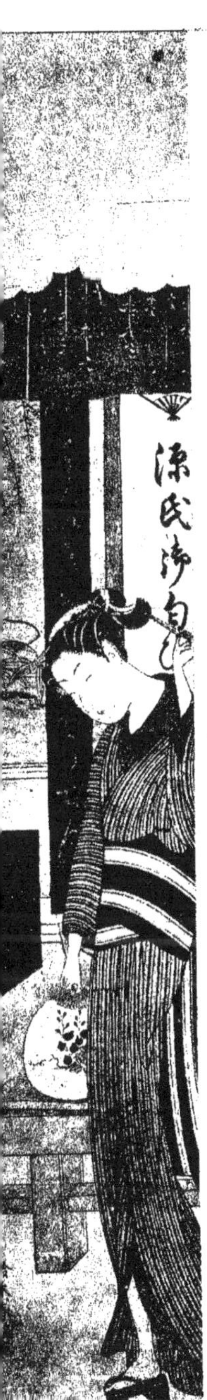

ESTAMPES JAPONAISES

COLLECTION D'UN AMATEUR

VENTE À AMSTERDAM LE 27 AVRIL 1903

PAR M.M:

R. W. P. DE VRIES
EXPERTS

ASSISTÉ DE M:

E. LE VÉEL, EXPERT.

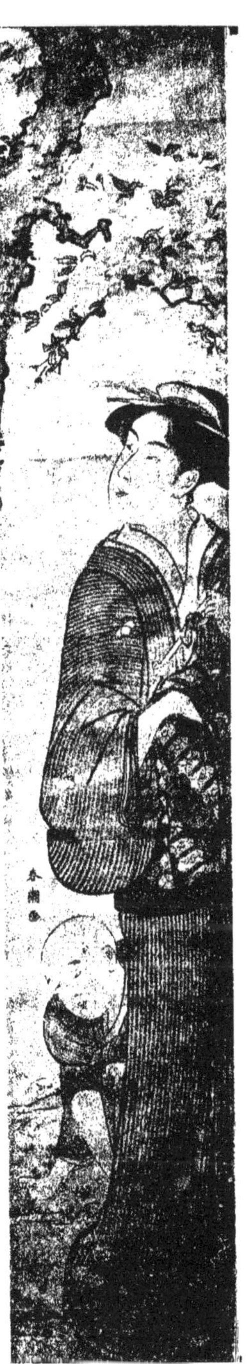

PHOTOTYPIE: VAN LEER. AMST.

Estampes Japonaises Anciennes.

COLLECTION D'UN AMATEUR.

DONT LA VENTE AURA LIEU LUNDI LE 27e AVRIL 1903, À 10 HEURES 1/2 DU MATIN PAR M.M. R. W. P. DE VRIES, EXPERTS, ASSISTÉS DE MR. E. LE VÉEL, EXPERT, DANS LEUR SALLE DE VENTE, SINGEL 146, AMSTERDAM.

JOURS D'EXPOSITION: JEUDI, VENDREDI ET SAMEDI, LES 23e, 24e ET 25e AVRIL * * * * *

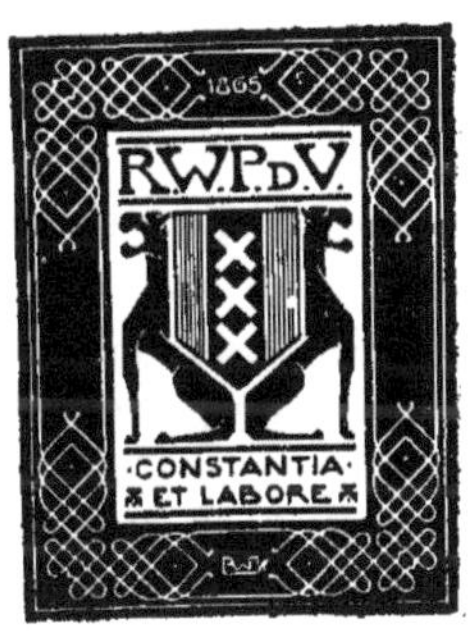

R. W. P. DE VRIES
(R. W. P. DE VRIES – Dr. A. G. C. DE VRIES)
AMSTERDAM.

Adresse télégr.: FRISIUS.

E. LE VÉEL
Rue de Seine 17,
PARIS.

Téléph. Intercomm. 3553.

CONDITIONS DE LA VENTE.

La vente se fera au comptant, avec augmentation de 10 pCt. applicables aux frais.

Les payements se feront en billets de banque, ou en argent des Pays-Bas.

Les acquéreurs seront tenus de prendre livraison de leurs acquisitions immédiatement après la séance; les objets non retirés peuvent être revendus aux risques et périls de l'acheteur défaillant.

Dans le cas où une contestation s'élèverait sur deux enchères, l'objet sera immédiatement remis en vente.

Après l'adjudication aucune réclamation, quelle qu'elle soit, ne sera admise.

Les directeurs de la vente auront la faculté de réunir ou de diviser des lots.

On aura le plus grand soin des objets adjugés sans toutefois répondre des accidents qui pourraient survenir.

Les directeurs de la vente rempliront gratuitement les commissions des personnes, qui ne pourraient assister à la vente.

Un mot sur l'estampe japonaise et sur la présente collection.

L'art de l'estampe, chez les Japonais, remonte au début du XVIIe siècle de notre ère.

Il eut d'abord un caractère exclusivement religieux, se consacrant tout entier à perpétuer les exploits des dieux et des héros du Bouddhisme, à en exprimer les croyances. Ce n'était, à cet époque, qu'un simple dessin au trait sur une planchette de bois, tiré en noir, et dont on rehaussait ensuite d'un peu de couleur — à la main — chaque épreuve.

Il en fut ainsi jusqu'en 1740 environ, date où fut inventé le procédé de la gravure imprimée en couleurs.

Malgré l'immense progrès, que marquait cette invention, les estampes de cette époque qui ne comportaient que deux tons, le rose et le vert tendre, ne pouvaient échapper à une certaine monotonie.

Il était réservé à Souzouki Harounobou de remédier à ce défaut.

Cet artiste charmant opéra dans son art une révolution considérable en perfectionnant jusqu' aux dernières limites, dès 1760 — 15 ans au moins avant Debucourt et Janinet — le procédé d'impression, qui put donner dès lors autant de couleurs, que le comportait le sujet.

La technique était simple, et est toujours demeurée la même, d'ailleurs.

L'artiste après avoir dessiné son sujet en relief sur une

planche de poirier, à la manière de nos graveurs sur bois, appliquait sur cette planche, d'abord tous les verts, puis les rouges, puis les bleus, etc.; chaque épreuve repassant ainsi sous la presse, au moyen de points de repère, autant de fois qu'il y avait de tons différents dans la composition.

Les estampes du maître sont là pour attester quel degré de perfection il atteignit du premier coup.

En même temps que s'accomplissait cette transformation féconde des moyens d'expression, par un hasard qui se produit souvent dans l'histoire de l'art, surgissaient des personnalités comme Koriousaï, comme Kiyonaga, Shunsho, Outamaro.

Ces artistes glorieux, suivant la voie ouverte par Harounobou, rompaient résolument avec les traditions liturgiques pour s'adonner à l'observation de la vie, à l'interprétation de la nature dans toutes ses manifestations et sous tous ses aspects.

Ils furent bientot suivis par leurs élèves: les Yeishi, les Yeisho, les Toyokouni, les Yézan, les Hok'saï, les Kounyoshi, les Hiroshighé, dignes de prendre les places qu'ils laissaient vacantes.

C'est ainsi que par cette succession ininterrompue de personnalités brillantes se trouva accompli un long siècle d'art — d'un art exquis et essentiellement original dont la découverte — si l'on peut s'exprimer ainsi — a été pour l'Europe épuisée, et toujours en quête de formes nouvelles, une véritable révélation.

Un mot, maintenant, sur la présente collection.

Formée patiemment par un amoureux d'art au goût délicat et sûr, qui sut choisir les épreuves durant quinze ans, au cours de ses séjours à Paris et à Londres, elle offre des spécimens de tous les artistes notables depuis Harounobou, le véritable fondateur de la grande école populaire, jusqu'à Hiroshighé et Kounyoshi, les derniers classiques, et non les moindres.

A l'heure actuelle, il serait extrêmement difficile — pour ne pas dire plus — d'en réunir une sembable.

L'estampe japonaise est une marchandise, qui d'ici très peu de temps aura complètement disparue du commerce.

Le Japon, fouillé de fond en comble depuis plus de vingt ans par d'habiles marchands européens, n'a plus rien à nous envoyer; et les riches amateurs de là-bas, soucieux aujourd'hui de posséder des spécimens du plus délicat et du plus exquis de leurs arts nationaux, doivent s'adresser à nous pour racheter à prix d'or les quelques pièces qui n'ont pas encore été enrichir les musées ou les collections particulières de Paris, de Londres et d'Allemagne — ou de l'Amérique qui les dispute à coups de dollars dans les ventes publiques.

Disons enfin, pour terminer, que toutes les épreuves que nous soumettons à l'appréciation des amateurs d'Amsterdam sont en excellents tirages anciens, et qu'elles se recommandent, en outre, par leur bel état de conservation.

E. Le Véel.

Collection d'un amateur [1]

ESTAMPES JAPONAISES

HAROUNOBOU (Souzouki)

(1718—1770)

Un des artistes les plus exquis du Japon. En dépit de la mode, il ne voulut jamais peindre de portraits d'acteurs et consacra son talent uniquement à rendre la grâce et la séduction féminine.

Il est le premier en date qui ait gravé des estampes en cinq, six et jusqu'en sept couleurs.

1 Jeune femme assise, sa pipette à la main. Une petite fille debout devant elle lui présente une lettre. — Format carré.

2 Jeune femme et sa petite fille dans leur appartement. Par la baie vitrée on aperçoit la mer où sont amarrées des embarcations. — Format carré.

3 La Toilette. — Dans un appartement ouvert sur la mer, une jeune femme, le buste nu, penchée sur un baquet, lave sa chevelure. Derrière elle sa compagne, le peignoir entr'ouvert, se peigne en la regardant. — Format carré. — Encadré.

Une des pièces les plus rares et les plus caractéristiques du maître. Une de celles où il a rendu avec le plus de charme la grâce féminine.

---

1) Toutes les feuilles sont montées sur carton, une partie est encadrée et sous verre.

4 Femme tenant un rouleau de papier sur lequel elle se dispose à peindre. — Format carré.

5 Jeune femme debout, en peignoir rose. Elle tient un éventail d'une main et de l'autre pique un kanzashi dans sa chevelure. — Encadré.

Charmante estampe de format kakémono.

KORIOUSAÏ

(Seconde moitié du XVIIIe siècle)

Un des maîtres les plus gracieux et les plus originaux de son époque.

6 Dame de la haute classe en promenade avec ses deux enfants. Elle est suivie de son kamouro. — Grand format en hauteur.

7 Deux amoureux, assis près d'une fenêtre d'où l'on découvre la campagne, regardent des livres illustrés. — Format carré.

Pièce aussi remarquable par sa sincérité que par le charme des figures.

8 Courtisanes en riches costumes suivies de leurs petits kamouros. — Grand format en hauteur. — Encadré.

MASAYOSHI (attribué à Kitao)

(1761—1824)

Artiste qui s'acquit une grande réputation dans la peinture des oiseaux et des fleurs.

9 Cinq moineaux sur une branche de pêcher en fleurs. — Format en largeur.

SHUNSHO (Katsukawa)

(1726—1790)

Il a excellé dans la représentation des acteurs et des scènes théâtrales. Il est le fondateur de l'importante école des Katsukawa dont plusieurs élèves se sont fait une place éminente dans l'histoire de l'estampe japonaise.

10 Groupe de trois jeunes femmes devisant dans un intérieur que décorent des vases de chrysanthèmes. — Format carré. — Encadré.

Une des plus exquises compositions de Shunsho, qui a laissé très peu de pièces en dehors des scènes de théâtre et des portraits d'acteurs.

11 Portrait d'acteur dans un rôle. — Format étroit en hauteur.

SHUNYEI (Katsukawa)

(1762—1819)

Un des élèves les plus remarquables de Shunsho.

12 Portrait d'acteur dans un rôle. Il saisit violemment la branche d'un arbre en fleurs pour la casser. Format étroit en hauteur.

SHUNTCHÔ

(Fin du XVIIIe et comm. du XIXe s.)

L'émule, et parfois l'égal, de Kiyonaga.

13 Jeune femme se promenant dans un jardin avec son enfant, qui se baisse pour cueillir des fleurs. — Format kakémono. — Encadré.

Composition pleine de fraîcheur. Le coloris en est très délicat

KIYONAGA (Torii)

(1742--1815)

Artiste d'une personnalité puissante. Nul autre n'a su rendre avec une telle vérité les types et les mœurs du Japon.

Son nom est sans conteste un des plus grands dans l'histoire de l'art de son pays.

14 Jeune femme assise sur un banc dans un jardin. Auprès d'elle deux autres femmes debout dont l'une drape la ceinture de sa compagne. — Grand format en hauteur. — Encadré.

Pièce capitale d'un des plus grands maîtres de l'art japonais. Ses oeuvres sont devenues de toute rareté.

15 Une fête sur la Soumida. — Un homme et trois femmes sont assis sur une terrasse, au bord du fleuve que sillonnent des bateaux chargés de monde et disparaissant sous les lampions et les fleurs. — Grand format en hauteur. — Encadré.

16 Scènes enfantines. — Grand format en hauteur.

KIYOMINÉ

(Commencement du XIXe siècle)

17 Jeune femme assise sur un banc, son éventail à la main. — Grand format en hauteur.

SHUNSE'N (Katsukawa)

(Fin du XVIIIe siècle)

Elève — et non des moindres — de Shunsho.

18 Jeune femme debout dépliant une étoffe. — Grand format en hauteur.

SHUNSE'N (Suite)

19 Fleurs et papillons. — Grand format en largeur. — Encadré.

20 Jeune femme déroulant un papier. — Grand format en hauteur.

21 Femmes et enfants, les vêtements relevés jusqu'aux genous, s'amusant dans une rivière. — Format étroit en largeur.

22 La récolte du varech. — Sur une plage qui s'étend à perte de vue des femmes sont occupées à la récolte du varech. L'une d'elles, debout sur l'avant d'une barque, en remplit des vannes, dont se chargent deux de ses compagnes ; celles-ci, à leur tour, le passent à d'autres qui l'étendent à sécher sur des claves.

Au loin, derrière une ligne de navires, le disque rougeoyant du soleil disparaît peu à peu dans les flots, incendiant encore de ses derniers rayons l'eau verdâtre. — Encadré.

Admirable triptyque; une des plus poétiques et des plus magistrales productions de la peinture japonaise. — Notre épreuve est remarquable par la tonalité uniforme de ses parties. — Très grand format en largeur.

OUTAMARO

(1753—1805)

Un des maîtres les plus séduisants de la peinture japonaise, le plus souple et le plus varié. Son nom, grâce au livre d'Edmond de Goncourt, est classique en Europe. Il est par excellence le peintre de la femme — de la femme élégante surtout — et des grâces enfantines. Aucun autre n'a su rendre comme lui, les mille séductions de la femme dans le rayonnement de sa jeunesse ou dans l'épanchement instinctif de sa maternité.

23 Jeune femme assise tenant un mouchoir d'une main et son éventail de l'autre. — Grand format en hauteur.

24 Deux jeunes femmes, dont l'une, le peignoir entrouvert, laisse apercevoir sa gorge. — Grand format en hauteur.

25 Trois jeunes femmes, les jupes relevées, s'avancent dans l'eau en se donnant la main. Derriere, un buisson en fleurs. — Grand format en hauteur. — Encadré.

26 Un jeune homme présente à une jeune femme deux énormes poissons qu'il vient de capturer. — Grand format en hauteur.

27 Groupe de deux musiciennes. — Grand format en hauteur.

28 Jeune mére serrant son bébé dans ses bras. — Grand format en hauteur.

29 Deux jeunes femmes s'amusant avec un enfant. — Grand format en hauteur.

30 Deux femmes se promenant dans la campagne, suivies d'un jeune domestique. — Grand format en hauteur.

31 Deux jeunes époux couchés sur une natte, jouent avec leur bébé. — Grand format en largeur. — Encadré.

32 Jeune femme prête à sortir faisant nouer sa ceinture par un kamouro. — Grand format en hauteur.

33 Jeune homme debout présentant un vase de chrysanthèmes à une jeune femme assise près de lui. — Grand format en hauteur.

34 Jeune mère tenant dans ses bras un bébé nu qui voudrait saisir une tortue avec laquelle son frère joue dans un baquet d'eau. — Grand format en hauteur.

Pièce charmante par le naturel des attitudes.

35 Deux jeunes femmes dont l'une accroupie et l'autre couchée à terre s'amusent avec un enfant. — Grand format en hauteur. — Encadré.

36 Jeune homme et jeune femme confectionnant des ballons. — Grand format en hauteur.

37 Portrait en buste d'une courtisane célébre. — Grand format en hauteur. — Encadré.

Pièce d'une grande allure; de toute rareté.

38 Scène d'allaitement. — Une jeune mère tient dans ses bras son enfant auquel elle présente un sein, qu'il tette goulument. — Grand format en hauteur. — Encadré.

Une des plus délicieuses et des plus rares compositions d'Outamaro qui a excellé dans les sujets maternels.

39 Portraits en bustes de deux jeunes femmes. — Grand format en hauteur.

40 Une mère tient dans ses bras son enfant, qui tend son sabre de bois à une jeune femme auprès de lui. — Grand format en hauteur.

41 Une mère porte sur son épaule son garçon qui s'amuse à nouer un mouchoir autour de sa tête. — Grand format en hauteur.

42 Courtisane en promenade suivie d'une servante et d'une petite kamouro. — Grand format en hauteur.

43 Une jeune femme svelte porte son enfant sur son dos. Deux chiens, devant elle, font des cabrioles, tandis qu'un troisième la tire par sa jupe. — Grand format en hauteur. — Encadré.

44 Courtisane en promenade, suivie d'une servante. — Grand format en hauteur.

45 Femme cueillant des bourgeons de pins. Auprès d'elle, un jeune homme tenant un écran. — Grand format en hauteur.

46 Jeune mère avec ses deux enfants auprès d'elle, qui s'amusent à regarder des vues dans une sorte de steréoscope. — Grand format en hauteur.

47 Deux amoureux sont assis sur un banc. Le jeune homme enlace sa maitresse et met la main dans son sein. Celle-ci, dont l'attitude tremblante dénote le trouble, tente faiblement de le repousser. Son éventail est tombé à terre, et d'une main elle s'appuie à la banquette. Grand format en hauteur. — Encadré.

Oeuvre de tout premier ordre. Outamaro qui fit tant de pièces charmantes n'en a pas laissé de supérieure à celle-ci. Il atteint par elle le summum de son art. Aucun maître, d'aucune école, n'a exprimé de plus heureuse façon la pudeur de la femme amoureuse qui résiste en s'offrant — Superbe épreuve, dans un rare état de conservation.

48 Scène d'intérieur. — Une jeune femme occupée à coudre, enfile son aiguille, tandis que sa sœur assise près d'elle chante en s'accompagnant de son chamicén. — Grand format en hauteur.

49 Yamahouwa, sa longue chevelure noire déroulée sur ses épaules, nettoie le peigne avec lequel elle vient de peigner son fils Kiutoki — l'enfant rouge — qui se regarde dans un miroir. — Grand format en hauteur. — Encadré.

Très belle et rare pièce, à tons roses sur lesquels se détache en vigueur l'admirable chevelure noire de la jeune femme.

50 Une jeune femme dont le peignoir entr'ouvert laisse apercevoir la gorge, s'amuse à tremper dans un baquet d'eau une cage où est emprisonné un oiseau. — Grand format en hauteur.

Très jolie pièce d'une finesse remarquable. — Epreuve provenant de la collection d'Edmond de Goncourt et appliquée sur fond d'argent.

51 Portraits en bustes de trois célèbres courtisanes. — Grand format en hauteur.

52 Scène maternelle. Une mère tient en lisière son poupon qui s'amuse à attraper un poisson dans un baquet d'eau. — Grand format en hauteur. — Encadré.

Pièce d'une grande finesse, remarquable par l'élégance de ses lignes et ses tons roses exquis. Elle synthétise toute une phase du génie souple d'Outamaro — et la plus séduisante — celle où il se montre le plus lui-même en s'éloignant des sujets exploités par ses devanciers, pour nous dire l'indicible charme de la jeune mère dans l'adoration extatique de son enfant. — Notre épreuve est de toute beauté.

53 Une jeune femme agenouillée arrange des glycines dans une suspension. Auprès d'elle un vase de chrysanthèmes. — Grand format en hauteur.

HIDE'MARO

Elève d'Outamaro.

54 Deux femmes accroupies et une troisième debout derrière elles admirent des plantes dans des vases. — Grand format en hauteur.

Épreuve provenant de la vente Hayashi à Paris.

TCHOKKI

(Commencement du XIXe siècle)

Artiste d'une originalité marquée, qu'on ne saurait rattacher à aucune école.

55 Femmes et petites filles en promenade. — Grand format en hauteur.

Jolie pièce provenant de la même vente.

KIKOUMARO

Elève d'Outamaro.

56 Jeune mère tenant sur ses genoux son enfant auquel une dame apporte des jouets. — Grand format en hauteur.

YE'ISHI

(Fin du XVIIIe siècle)

Elève de Shunsho et de Kiyonaga. Il s'est consacré presque uniquement à la reproduction de figures de femmes. Coloriste charmant et toujours original, il se distingue encore par la suprême élégance de ses lignes.

57 La Promenade. — Dames et petites filles se promenant sous des cerisiers en fleurs. — Grand format en hauteur.

58 Dames en promenade dans un bateau de plaisance. — Grand format en hauteur.

59 Scène d'intérieur. — Deux jeunes femmes et une petite fille sont réunies dans un appartement. — Grand format en hauteur.

60 Une jeune femme admire des peignes d'écaille, qu'elle retire de leur étui pour en mieux apprécier la transparence. — Grand format en hauteur.

Jolie pièce, précieuse de facture.

61 Jeune femme apportant à un daïmio, sur un plateau de laque, un bonnet de cérémonie, qu'une autre lui présente en s'agenouillant. — Grand format en hauteur.

62 Réunion de trois jeunes femmes dans un jardin. L'une d'elles, debout, chasse avec son éventail des insectes qui bourdonnent devant sa figure. — Grand format en hauteur.

63 Musiciennes dans un bateau de plaisance. — Grand format en hauteur.

64 Au Yoshiwara. — Réunion de cinq jeunes femmes buvant du saké ou faisant de la musique. — Grand format en largeur. — Encadré.

Pièce très intéressante par la diversité des attitudes et des costumes.

65 Trois jeunes femmes dans un jardin sous des arbres en fleurs. Au loin on aperçoit des couples en promenade. — Grand format en hauteur.

66 Deux jeunes femmes assises. L'une tient un livre, l'autre s'amuse à confectionner un bateau en papier. Son chamicén est auprès d'elle. — Grand format en hauteur. — Encadré.

67 Jeune femme assise tenant un éventail. — Grand format en hauteur.

Cette estampe est un très beau spécimen d'une des manières de Yéshi.

YEISHO

Contemporain et émule de Yéshi auquel il n'est jamais inférieur. Bien que ses œuvres se recommandent par les mêmes qualités, elles conservent toujours aux yeux des connaisseurs, leur originalité propre.

68 Deux femmes dont l'une accroupie accorde son chamicén. — Grand format en hauteur.

69 Musiciennes sur l'avant d'un bateau. — Grand format en hauteur.

70 Deux femmes portant sur des plateaux des étoffes et un bonnet de daïmio. — Grand format en hauteur. — Encadré.

YE'RI

Elève d'Yéishi.

71 Sur une route, trois jeunes femmes revenant d'une fête en portant des drapeaux et des lampions. Au second plan des jeunes gens déguisés en rats reviennent chargés d'accessoires. — Grand format en hauteur.

YE'ZAN

(Fin du XVIIIe siècle)

Célèbre et fécond élève d'Outamaro. Il excelle à rendre les élégances des dames de la haute classe ou des courtisanes, la grâce enveloppante de leurs gestes, la morbidesse des attitudes, la richesse somptueuse des costumes.

72 Jeune femme se promenant sous la pluie. — Grand format en hauteur.

73 Les marchandes d'herbes. — Grand format en hauteur.

74 Jeune femme assise sur un banc, dans un jardin, et lisant, sa pipette à la main. Son peignoir défait laisse à nue une épaule. — Grand format en hauteur. — Encadré.

75 Mère tenant en lisière son enfant qui s'amuse à cueillir des iris au bord de l'eau. — Grand format en hauteur.

76 Femmes en riches toilettes sous un parasol. — Grand format en hauteur.

77 Jeune femme, debout sur une terrasse, enlaçant son amie qui se met du fard aux lèvres. — Grand format en hauteur. — Encadré.

Très belle pièce, remarquable surtout par l'élégance de ses lignes.

78 Deux jeunes femmes en promenade dont l'une tient son bébé par la main. — Grand format en hauteur.

Composition charmante de grâce et de naturel.

79 Femme en riche toilette assise sur un banc, dans un jardin. — Grand format en hauteur.

80 Jeune femme revenant de faire ses provisions au marché. — Grand format en hauteur.

81 Jeune femme de buste, les épaules à demi nues, piquant une épingle dans sa coiffure. — Grand format en hauteur.

82 Courtisane en promenade suivie de ses deux petits kamouros. — Grand format en hauteur.

83 Réunion de jeunes femmes dans un jardin. — Grand format en hauteur.

84 Femme dessinant. — Grand format en hauteur.

85 Jeune femme marchant sous la neige. — Grand format en hauteur. — Encadré.

Charmante pièce, d'un coloris délicat.

86 Scène d'intérieur. — Mère avec son enfant qui s'exerce à jouer du chamicén. — Grand format en hauteur.

87 Joueuse de chamicén lisant une lettre qu'on vient de lui apporter. — Grand format en hauteur.

88 Les tisserandes. — Grand format en hauteur.

89 Une joueuse de chamicén. — Grand format en hauteur.

90 La couseuse. — Grand format en hauteur.

91 Jeune femme accrochant des devises aux branches d'un arbre. — Grand format en hauteur.

92 Réunion de femmes et fillettes prenant du saké dans un jardin, sous les cerisiers en fleurs. — Grand format en hauteur.

93 Jeune femme, dont le peignoir déboutonné laisse apercevoir les jambes nues, se débarbouillant. — Grand format en hauteur.

94 Deux jeunes femmes, dont l'une soulève dans ses bras sa fillette qui accroche des petits drapeaux aux branches d'un arbre. — Grand format en hauteur.

95 Jeune femme se retournant pour causer à un homme, qui montre sa tête dans l'entrebaillement d'une porte. — Grand format en hauteur.

96 Deux femmes sur une terrasse donnant sur la mer. — Grand format en hauteur. — Encadré.

97 Femmes et enfant dans un intérieur. — Grand format en hauteur.

98 Jeune femme s'amusant avec un petit chat. — Grand format en hauteur.

99 La coiffure. — Deux jeunes femmes dont l'une arrange sa chevelure et l'autre se regarde dans un miroir. — Grand format en hauteur.

100 Scène enfantine. — Une mère contemple avec tendresse son bébé qui barbote dans l'eau d'une bassine. — Auprès d'elle, debout, une autre jeune femme en peignoir rose. — Grand format en hauteur. — Encadré.

101 Jeune femme en riche costume, debout sur une terrasse donnant sur l'eau. — Grand format en hauteur.

102 Bouderie d'amoureux. — Grand format en hauteur.

103 Jeune femme en robe à longue traîne ajustant sa coiffure devant un miroir qui renvoie son visage. — Grand format en hauteur. — Encadré.

104 Jeune mère tenant son bébé par la main. — Grand format en hauteur.

105 Scène maternelle. — Enfant tirant sa mère par ses vêtements pour qu'elle lui donne un miroir qu'elle tient en main et où il voit sa figure reflétée. — Format kakemono. — Encadré.

Yézan n'a rien produit de supérieur à cette œuvre d'un si joli mouvement, qui résume toutes ses qualités de grâce, l'élégance de son dessin et son entente de la composition.

TOYOHIRO

(1773—1828)

105*a* Deux jeunes filles et un enfant dans un bateau pêchent à la ligne. — Format moyen en largeur.

TOYOKOUNI

(1769—1825)

Un des plus féconds artistes de l'école populaire. Il s'est adonné surtout à peindre des portraits d'acteurs et des scènes de théâtre. Il a formé de nombreux élèves dont le plus fameux est Kounisada.

106 Fragment d'un cortège. Trois femmes en riches costumes portant des attributs. — Grand format en hauteur.

107 Deux femmes debout dont l'une tient son enfant dans ses bras. — Grand format en hauteur.

108 Femme et petites filles dans un jardin au milieu des iris. — Grand format en hauteur.

109 Jeune homme et jeune femme regardant des étoffes. — Grand format en hauteur.

110 Portrait d'acteur dans un rôle de femme. — Grand format en hauteur.

KOUNISADA (et son école)

(1785—1864)

Le plus éminent des élèves de Toyokouni.

111 Femme sur une terrasse d'où l'on aperçoit la cour d'une maison recouverte de neige. — Grand format en hauteur.

112 Jeune femme se retournant pour regarder l'effet de sa robe. — Grand format en hauteur.

113 Groupe de jeunes femmes. — Grand format en hauteur.

114 Jeune femme debout. — Grand format en hauteur.

115 Jeune mère accourant effarée, relever son enfant qui vient de tomber. — Grand format en hauteur.

116 Jeune femme assise, en robe noire semée de fleurs. — Grand format en hauteur.

117 Famille — le père, la mère et leur enfant — revenant d'une fête de nuit. — Grand format en hauteur.

118 Jeune femme en robe blanche semée de feuillage. — Grand format en hauteur.

119 Deux jeunes femmes buvant du saké. — Grand format en hauteur.

120 Musiciennes ambulantes. — Grand format en hauteur.

121 La Neige. — Femmes marchant dans la campagne couverte de neige.

Très beau triptyque. — Une des meilleures oeuvres de Kounisada.

122 Jeune mère faisant sauter son bébé dans ses bras. — Grand format en hauteur.

123 Femmes jouant au ballon. — Grand format en hauteur.

124 Courtisane en promenade. — Grand format en hauteur.

125 Trois jeunes femmes se promènent au bord de la mer. L'une se baisse pour attacher la chaussure de sa compagne. — Grand format en hauteur.

126 Femme jouant avec un chat. — Format kakémono.

127 Jeune femme mesurant une étoffe. — Format kakémono.

128 Femme en peignoir rose s'essuyant les mains. — Grand format en hauteur.

129 Deux jeunes femmes dont l'une occupée à écrire. — Grand format en hauteur.

130 Une jeune femme accroupie, le sein découvert, arrange sa chevelure devant un miroir. Derrière elle, sa servante nettoie son peigne. — Grand format en hauteur.

131 Femme en promenade avec ses enfants. — Grand format en hauteur.

132 Deux jeunes filles s'amusant avec un theâtre de marionnettes. — Grand format en hauteur.

133 Jeune femme vue de dos, les épaules nues, et dont le visage est reflété par un miroir. — Grand format en hauteur.

Pièce curieuse et rare. — Une des plus caractéristiques du maître.

134 Sur un fleuve où se reflète la lune, et que sillonnent des bâteaux à voiles, une femme se promène dans une barque dont on ne voit que l'arrière. — Grand format en hauteur.

135 Jeune femme se penchant sur un balcon pour regarder des cerisiers en fleurs. — Sourimono.

136 Scène de theâtre. — Sourimono.

137 Sur une terrasse d'où l'on découvre la mer avec des embarcations amarrées, des gens se délassent. A gauche un couple boit du saké, à droite une mère tient dans ses bras son bébé à qui son père montre une image,

Sourimono de grand format en largeur.

HOK'SAÏ

(1760—1849)

Le plus illustre, le plus fécond et le plus puissant artiste de l'école Oukiyo-yé. Il a rendu la vie dans toutes ses manifestations, dans ses moindres attitudes, et son œuvre est une immense encyclopédie.

La série de ses paysages — dont un grand nombre sont d'incomparables chefs-d'œuvre-ont popularisé son nom parmi nous.

138 Deux hommes pêchent à la ligne dans une rivière qui coule à travers la campagne verdoyante. Auprès d'eux, un cavalier tenant son cheval par la bride s'est arrêté pour les regarder. — Grand format en largeur.

139 Un pont de bois sur un fleuve que sillonnent des embarcations. — Grand format en largeur.

140 La Baignade. — Des femmes et des enfants s'amusent sur une plage où se dressent deux portiques. — Grand format en largeur.

141 Une route bordée de pins élancés. Une femme en palanquin s'est arrêtée pour laisser reposer ses porteurs. Derrière, un homme traînant par la bride un cheval harassé que monte une femme. Au fond de la composition on aperçoit le mont Foudji. — Grand format en largeur. — Encadré.

142 Hommes lavant un cheval dans l'eau d'une cascade qui tombe d'un rocher. — Grand format en hauteur.

143 Chute d'eau sur un fleuve, au bord d'une route montante. — Grand format en hauteur.

144 Un pont de bois sur une rivière, où passent des chevaux et des gens portant des ballots. — Grand format en largeur.

145 Un fleuve au milieu duquel émerge un ilôt où se dressent deux arbres grêles avec une cabane à leur pied. — Grand format en largeur. — Encadré.

146 Un coup de vent à Yéjiri. — Sur un chemin traversant un champ de riz, des gens sont surpris par une rafale qui tord les arbres et fait voler les chapeaux. — Grand format en largeur. — Encadré.

147 Une colline au bord d'une rivière où des gens se baignent. Sur la route qu'ils gravissent péniblement, deux hommes portent, étendus sur un bâton, des draps qu'ils viennent de laver. D'autres sont chargés de ballots. — Grand format en largeur.

148 Route dans une montagne. — Grand format en largeur.

149 Les scieurs de long. — Grand format en largeur.

150 La foudre tombant sur le mont Foudji. — Grand format en largeur. — Encadré.

Cette pièce et les deux suivantes sont universellement reconnues, comme les plus magistrales oeuvres d'Hok'saï. Elles sont de toute rareté.

151 Le Foudji au ciel craquelé. — Grand format en largeur. — Encadré.

152 La Vague. — Grand format en largeur. — Encadré.

GAKOUTEY

Elève d'Hok'saï.

153 Le bonze Nitiren causant avec un enfant sur une route, auprès d'une cascade où se reflète le globe de feu du soleil. — Sourimono.

Composition d'un puissant effet. Une des plus remarquables de Gakoutey.

HIROSHIGHE'

(1797—1858)

Un des plus grands maîtres de l'estampe japonaise. Le premier, peut-être — en tout cas le plus séduisant et le plus poétique — des paysagistes. Il fut non moins habile dans la peinture des fleurs et des oiseaux, et dans ce genre aucune école, d'aucun pays, n'a produit son égal.

154 Vol de mouettes au dessus d'un fleuve sillonné d'embarcations. — Grand format en hauteur.

155 Paysage avec rivière. — Effet de nuit. — Grand format en hauteur.

156 Paysage de nuit. — Effet de neige. — Grand format en hauteur.

157 Le Pont de Riogakou sur la Soumida. — Grand format en hauteur.

158 Le Chat. — Un chat assis à une fenêtre regarde la campagne. — Grand format en hauteur.

159 Paysage avec rivière. — Grand format en hauteur.

160 Village couvert de neige traversé par une rivière. — Grand format en hauteur.

161 La Pluie sur la Soumida. — Effet de nuit. — Petit format en hauteur.

162 Village au pied d'une montagne. — Effet de neige. — Petit format en largeur.

163 Bateaux chargés de monde sur la Soumida. — Grand format en largeur. — Encadré.

164 Pêchers en fleurs. — Effet de soleil couchant. — Grand format en hauteur.

165 Un village sous la pluie. — Petit format en hauteur.

166 Feu d'artifice sur la Soumida. — Grand format en largeur.

167 Jardin couvert de neige. — Grand format en largeur.

168 Vue du lac Biwa dans la province d'Omi. — Clair de lune. — Grand format en hauteur.

169 Vue prise à Yédo. — Grand format en hauteur.

170 Homme allumant un feu de bois au bord d'une rivière. Grand format en hauteur.

171 Prairie au pied du mont Foudji. — Grand format en hauteur.

172 Effet de neige. — Grand format en hauteur.

173 Embarcations à voiles sur une rivière à Yédo. — Grand format en hauteur.

174 Village sur les bords du lac Biwa. — Effet de nuit. — Grand format en hauteur. — Encadré.

175 Mariniers remontant un fleuve sur des radeaux. — Grand format en hauteur.

176 Vol de cigognes. — Grand format en hauteur.

177 Vue du lac Biwa dans la province d'Omi. — Grand format en largeur. — Encadré.

Très belle épreuve d'une des pièces capitales d'Hiroshighé.

178 Le Brouillard. — Un daïmio porté en palanquin par ses serviteurs traverse un village perdu dans le brouillard. — Grand format en largeur. — Encadré.

Planche célèbre de la fameuse série des cinquante-trois stations du Tokaïdo.

179 Des hommes et des femmes sont assemblés sur une terrasse, au bord de la mer, tandis qu'une embarcation de plaisance chargée de monde se dispose à accoster. Au haut de l'horizon le disque du soleil se montre, trouant le bleu du ciel que sillonnent des vols d'oiseaux. — Triptyque.

Cette belle composition, d'un grand effet décoratif, est due à la collaboration d'Hiroshighé et de Kounisada.

180 Oiseau sur une branche d'églantiers en fleurs. — Format étroit en hauteur.

181 Oiseau et fleurs. — Format étroit en hauteur.

182 Bataille d'oiseaux sur une branche de rosier. — Format étroit en hauteur.

183 Canard sauvage sur des iris en fleurs. — Format étroit en hauteur.

184 Moineaux volant sur une tige de bambou couverte de neige. — Format étroit en hauteur. — Encadré.

185 Oiseau sur une tige de volubilis. — Format étroit en hauteur.

186 Oiseaux et fleurs. — Feuille de format étroit en hauteur divisée en deux parties. En haut : Un oiseau se raccrochant à une tige de lis. Au dessous : Un oiseau sur des fleurs de capucines. — Encadré.

187 Poissons. — Une dorade dans l'eau avec une petite truite auprès d'elle. — Grand format en largeur.

188 Poissons. — Perche et dorade dans un courant, parmi des herbes. — Grand format en largeur.

188*a* Les Cent Vues d'Yédo. Suite de 110 planches (dont 10 complémentaires) de grand format, en hauteur.

Cet album célèbre est peut-être l'oeuvre capitale d'Hiroshighé. Nulle part le génie du maître ne se révèle plus poétique et plus varié. Telle et telle des estampes qui le composent, comme le Pont sous la pluie, l'Aigle planant sur la campagne, la Veillée des âmes, une Rue au clair de lune, comptent parmi ses chefs-d'oeuvre et figurent au premier rang dans les musées.

YEISÉN (Kaiçaï)

(1790—1848)

189 Femme en peignoir rose se promenant dans un jardin. — Grand format en hauteur.

190 Jeune mère tenant son enfant par la main. — Grand format en hauteur.

191 La Songeuse. — Jeune femme songeant, accoudée à une balustrade. — Grand format en hauteur.

192 Femme en riche costume. — Grand format en hauteur.

193 Musicienne suivie de sa servante portant la boîte au chamicén. — Grand format en hauteur. — Encadré.

194 Oiseaux et roses. — Format moyen en largeur.

195 Maison isolée sur une route où passent des voyageurs. — Grand format en largeur.

196 Bateau accostant la rive couverte de neige pour prendre deux passagers. — Grand format en largeur.

197 Chute d'eau sous un pont, dans l'anfractuosité d'un rocher. — Grand format en largeur.

KOUNIYOSHI

(1797—1861)

198 Porteuse d'eau salée. — Sourimono,

199 Vautour sur un tronc d'arbre. — Effet de soleil couchant. — Format kakémono. — Encadré.

Pièce magistrale d'un des plus puissants artistes du Japon.

YEISUI

(Commencement du XIXe siècle)

200 Jeune femme, de buste, s'amusant avec une souris. — Grand format en hauteur. — Encadré.

Pièce importante de cet artiste, dont les oeuvres sont très rares.

INCONNU

201 Tigre dans des bambous. — Grand format en hauteur.

ARMURES.

202 Armure Japonaise, complète avec casque, cuirasse etc.

203 Idem, avec la cuirasse en bronze.

www.ingramcontent.com/pod-product-compliance
Ingram Content Group UK Ltd.
Pitfield, Milton Keynes, MK11 3LW, UK
UKHW020520180726
13839UKWH00005B/2216

9 782329 544809